Der Zauber hin zum Frieden

Jochen Schleef

Der Zauber hin zum Frieden

Bibliografische Information der Deutschen Nationalbibliothek:
Die Deutsche Nationalbibliothek verzeichnet diese Publikation
in der Deutschen Nationalbibliografie; detaillierte bibliografische
Daten sind im Internet über http://dnb.dnb.de abrufbar.

© 2019 Jochen Schleef
Grafik: tanewpix789/ Sunflowerr/ Vik Y/ Shutterstock.com
Satz, Umschlaggestaltung, Herstellung und Verlag:
BoD – Books on Demand, Norderstedt

ISBN: 978-3-7504-6481-0

Unsere Welt, in der wir leben, ist nicht die absolute Realität, sondern die Summe aus der Vielzahl der sich dynamisch verändernden Sichtweisen eines jeden von uns.

Mit fünfunddreißig Jahren kam es bei mir während eines kleinen medizinischen Eingriffs zu erheblichen Komplikationen, was zu einer sehr umfangreichen Notoperation mit langer Reanimation führte. Die Folgen waren eine wochenlange vollständige Erblindung und Bewegungsunfähigkeit. Geblieben waren mir ein sehr wacher Verstand und das Sprechen, weshalb ich mich jederzeit mitteilen konnte. Die Rehabilitation war ein Geschenk für mich. Ich bin vor allem sehr dankbar dafür, dass sich mein Sehvermögen regeneriert hat. Keinesfalls möchte ich ein Gefühl von Mitleid wecken, denn das mag ich nicht. Vielmehr hoffe ich, dass meine eigene Erfahrung dem Inhalt dieses kleinen Buches eine Wertigkeit verleiht, damit, Sie, meine Leser, Sachverhalte und Lebenssituationen einmal aus einem anderen Blickwinkel betrachten. Vielleicht sind so Möglichkeiten zu schaffen, welche Ihnen zuvor verschlossen schienen.

Widmen möchte ich dieses Büchlein meinen Kindern, die ich sehr liebe. Mein Dank gilt all jenen, die mir als Mensch begegnet sind, mich begleitet und getragen haben und mir zwischendurch zur rechten Zeit fordernd auch einmal kräftig »in den Hintern traten«.

Ich möchte Sie im Folgenden keineswegs verzaubern. Vielmehr möchte ich Sie dazu inspirieren, Ihren eigenen Zauber zu entdecken, zu erleben und ihm zu vertrauen.

Ihr
Jochen Schleef

Der Zauber hin zum Frieden

Unter Zauber verstehe ich eine Veränderung von Sichtweisen. Ein Zauberer kann etwas nicht endgültig verschwinden oder aus dem Nichts entstehen lassen. Das wissen wir alle. Er holt zum Vorschein, was im Verborgenen ist, rückt das Offensichtliche in den Hintergrund oder verbindet beides ganz oder teilweise miteinander. Er verändert so für den Betrachter mit sehr großem Geschick die Wahrnehmung bereits gegenwärtig vorhandener Dinge.

Wenn Sie den Wunsch nach Frieden und mehr Zu-friedenheit verspüren, so möchte ich Sie im Folgenden, gleich dem Zauberer, dabei begleiten.

»Und plötzlich weißt du: Es ist Zeit, etwas Neues zu beginnen und dem Zauber des Anfangs zu vertrauen«, so die Worte des deutschen Mystikers Meister Eckhart. Ratschläge, auch wenn es manchmal so klingen mag, gebe ich nicht, da mir dieses Recht nicht zusteht. Die eigenen Richtlinien muss jeder für sich selbst und zu seiner Zeit erfahren, erleben und entwickeln.

Folgende zwei Beispiele sollen verdeutlichen, welche Form des Zauberns ich meine.

Beispiel 1:

Angenommen, Sie haben eine sehr große Enttäuschung erlebt. Wie möchten Sie nun damit umgehen?

Variante 1 (wahrscheinlich der Regelfall): Sie verstehen die Enttäuschung als etwas, was Sie *erlitten* haben. In dem Wort »erlitten« steht Leid – Sie leiden also, entwickeln Zorn und Hass, bekommen vielleicht Magenschmerzen, gar Depressionen oder lassen womöglich noch zu, dass der Hass Besitz von Ihrer Seele ergreift.

Variante 2: Sie betrachten dieselbe Enttäuschung als *Erfahrung*. Beim tiefen Einatmen denken Sie über die Bedeutung und den Inhalt der Enttäuschung nach: Eine Täuschung ist beendet, enttarnt! Keine anderen Interpretationen sind möglich. Beim Luftanhalten wissen Sie schon, dass Ihnen genau zur rechten Zeit etwas Gutes widerfahren ist. Zur rechten Zeit deshalb, weil Sie die Täuschung vorher nicht erkannt haben – nicht erkennen konnten, nicht erkennen wollten –, und Sie sind noch am Leben. Beim Ausatmen nun empfinden Sie eine innere Leere, denn es fehlt Ihnen etwas. Gleichzeitig fühlen Sie aber auch eine innere Ruhe, einen inneren Frieden, vielleicht sogar ein Gefühl des Dankes. Mit den nächsten Atemzügen machen Sie sich auf zu neuen Wegen, um die Leere zu füllen, und es eröffnen sich garantiert neue Horizonte für Sie.

Beispiel 2:

Die drastische Klimaveränderung droht zu eskalieren, und Millionen Jugendlicher ziehen weltweit auf die Straßen und demonstrieren für ein schnelles Handeln.

Variante 1: Sie befürworten das Handeln der Jugendlichen, denn diese haben berechtigte Angst um die eigene Existenz wie um die der nachfolgenden Generationen.

Variante 2: Sie glauben, Klimawandel gab es immer schon, der Mensch hat keinen Einfluss darauf. Sollte er doch einen Einfluss haben, so ist ja wohl der daran schuld, den es überhaupt nicht gibt, der liebe Gott – so die Interpretation eines aufrüttelnden Artikels im *Spiegel* (Nr. 17/20.04.2019). Darüber hinaus haben Jugendliche während der Schulzeit nicht das Recht, ihre Sorgen öffentlich kundzutun. Außerdem haben nationale Ziele wie ein ausgeglichener Staatshaushalt und das Wirtschaftswachstum stets Vorrang vor globalen Problemen, denn das war immer so.

Nachfolgend verwende ich zahlreiche Zitate, aus denen ich, im übertragenen Sinn, eine Melodie zu komponieren versuche. In ihr werden auch Disharmonien auftauchen, die jedoch immer harmonisch aufgelöst werden. Mehr möchte ich nicht.

Einige Sichtweisen zum Frieden

Frieden und Freiheit sind Resultate der Liebe und niemals umgekehrt!

Wie es leicht zu erahnen ist, ab jetzt wird es religiös. Ich möchte besonders all jene unter Ihnen ansprechen, die vom Glauben nichts halten. Sie haben mit Sicherheit gute Gründe dafür. Ich habe auch nicht das Wissen, die Qualifikation und somit nicht das Recht, Sie zu bekehren. Was ich jedoch möchte, ist, Ihnen ein paar Standpunkte und Sichtweisen zu schildern, damit Sie diese kennenlernen.

Zuerst nun die alles entscheidende Frage: Gibt es die uns übergestellte Macht der Liebe, der Gnade und der Vergebung? Anders formuliert: Gibt es eine Antwort auf die Frage »Wer glaubt denn sowas?«(so der Titel des oben erwähnten Spiegel-Artikels). Evolutionstheoretiker erklären die Entstehung und Entwicklung der Arten durch logisch aufgebaute Nachweise. Keine Antwort hingegen haben sie auf die Frage, woher der Impuls für die Entwicklung kam oder kommt. Ein klassisches Beispiel ist das von der Henne und dem Ei. Das eine kommt vom anderen. Aber wo ist der Anfang? Ein Obstbaum trägt ein Vielfaches mehr an Frucht, als für seine eigene Arterhaltung notwendig wäre, um andere zu ernähren und ihnen somit zu dienen. Wer hat das so eingerichtet? Den Impuls für die Kreativität sämtlicher Künste in der Evolution zu finden ist ja wohl ein Kunstwerk der Illusion. Kam es zum Urknall, weil ihm gerade danach war, unser brillant strukturiertes Sonnensystem hervorzubringen? Walter Isaacon berichtet in seinem Buch über Albert Einstein, wie bei einem Treffen in Berlin alle davon ausgingen, dass dieser wohl genialster Astrophysiker Atheist sei. Aber als jemand dies aussprach, erwiderte Einstein: »Nein, ich habe ein tiefes Gefühl des Glaubens, eine tiefe Religiosität, die aus meiner Wertschätzung der Art und Weise resultiert, wie der Herr das Universum erschuf.«

Also gut, angenommen, es gäbe einen Gott, aber was soll das dann noch mit der Dreifaltigkeit Vater, Sohn und Heiliger Geist? Ich möchte Ihnen folgende Sichtweise vorstellen: Der Vater ist der Chef, der Heilige Geist sein Angestellter und das Wirken Gottes im Sohn Jesus das faktische Resultat. Also eine weisende, eine beschreibende und eine faktische Dimension. Im Apostolischen Glaubensbekenntnis sagen wir: »… empfangen durch den heiligen Geist« – und nicht etwa *vom* heiligen Geist. Dadurch lässt sich der Mensch gewordene Gottesstatus Jesu doch plausibel erklären. Und jetzt zu uns. Sind nicht in jedem von uns neben vielen anderen auch göttliche Elemente wie Liebe, Zuneigung und Aufopferung vorhanden, und ist damit nicht geklärt, dass jeder von uns mit seiner Geburt gewollt ist und eine Aufgabe zu erfüllen hat? Hat damit nicht jeder die Grundlage für die höchste Titulierung »Mensch« geschenkt bekommen? Dieses Prinzip der Dreifaltigkeit findet sich im übertragenen Sinn auch in unserem Rechtsstaat wieder: Gesetzgebung, richterliche Gewalt und der Vollzug. Berücksichtigt man dann noch, auf welchem Fundament unser Grundgesetz steht, so ist der Ursprung dieser Gewaltenteilung leicht herzuleiten.

Das mag ja alles schön und gut sein, mögen Sie nun sagen, vielleicht auch plausibel. Aber warum lässt Gott es dann zu, dass so viel Unrecht geschieht? Dass der Mensch seine Schöpfung und damit sich selbst zerstört? Dass das Böse so viel Macht hat?

Vielleicht ist unsere Sichtweise eine verkehrte. Ein Beispiel: Wie häufig hatte meine Mutter mich ermahnt, meine Finger von der noch heißen Herdplatte zu lassen. Dennoch musste ich es trotz ausführlicher Schilderungen, nicht was passieren *kann*, sondern was passieren *wird*, selbst ausprobieren. Mein Drang nach Freiheit und Selbstbestimmung war offensichtlich größer als die Vernunft. Dennoch bin ich mir ganz sicher, dass der liebende Schmerz des Mitgefühls meiner Mutter viel größer war als mein eigener. Könnte es nicht sein, dass Gottes Liebe zu uns Menschen so groß ist, dass er uns in unseren höchsten Werten der Freiheit und Selbstbestimmung nicht beschneidet und schmerzhaft leidet, wie wir seine Schöpfung zerstören? Müssen wir uns wirklich beide Hände verbrennen, oder wollen wir anfangen zu lernen?

Wie ein Regenbogen entsteht, weiß jeder. In der christlichen Überlieferung des Alten Testaments gibt Gott diesem die Bedeutung als Zeichen des Friedens. Er verspricht, niemals wieder eine Sintflut über die Menschheit kommen zu lassen. Kann ein Gott der Liebe sein Versprechen brechen? Wohl kaum. Stattdessen gab er uns ein klar definiertes Reglement für ein friedliches Zusammenleben. Und nicht nur das. Er sandte Jesus als Mensch unter Menschen, um seine friedvolle Liebe zu demonstrieren, ja opferte ihn gar für uns Menschen. Also bitte, was soll er noch tun? Ist der Regenbogen als Zeichen des Friedens für uns nicht längst zu einer Mahnung zum Frieden geworden?

Michael Jackson beschrieb in seinem Lied »Man in the Mirror« deutlich die Schatten unserer Gesellschaft. Sie sind ein Teil von uns! Um jedoch etwas zu ändern, brauchen wir einen festen Stand, ein sicheres Fundament. »I am strong when I am on your shoulder«, heißt es in Josh Grobans Song »You Raise Me Up«.

Können wir so nicht besser sein, als wir sind?

»Die Welt wird nicht bedroht von den Menschen, die böse sind«, sagte Albert Einstein, »sondern von denen, die das Böse zulassen.« Das Böse wird es immer geben, und somit auch Gerichte und Gefängnisse. Aber reicht es nicht völlig aus, wenn jeder das Böse als Maßstab für das definiert, was er nicht werden will? Oder ist es nicht sinnvoller, gegen das Böse anzugehen, statt es zu dulden?

Sollten wir nicht auch von der Devise »Gemeinsam sind wir stark« abrücken? Basiert Stärke zur Abgrenzung nicht immer auf Schwäche? Ist es vielleicht an der Zeit, über die Devise »Gemeinsam haben wir Zukunft« nachzudenken?

Zukunft, basierend auf Vergangenheit und Gegenwart,

ist ein fortlaufender dynamischer Prozess auf dem Weg zur Ewigkeit.

Ein altes mexikanisches Sprichwort lautet: »Ihr habt uns begraben. Aber ihr habt vergessen, dass wir die Saat sind.« Also: Welche Saat soll aufgehen? Die der Vergeltung oder die des Friedens?

Sollten wir die Sichtweise also nicht ändern, dass wir nicht noch mehr Schlechtes zulassen?

Und nun zur schwersten Aufgabe: Dinge hinzunehmen und zu akzeptieren, die wir nicht ändern können. Und aus dieser Sichtweise ein persönliches Fundament entwickeln, auf dem man leben und eines Tages sterben kann. Diesen Prozess nennt man Reifung oder, mit anderen Worten, auf die quälende Frage nach dem WARUM eine Antwort zu bekommen. Sehr viele Menschen laufen vor der Beschäftigung mit dieser Frage davon, durch Flucht in den Konsum, in umweltzerstörenden Luxus, um ja nichts zu versäumen, oder sie betäuben sich und flüchten sich in Arbeit vor der Kenntnis der Tatsache, dass mit absoluter Sicherheit für jeden von uns der Tag kommt, an dem wir uns entscheiden müssen, ob in größter Angst oder in der Hoffnung der Gewissheit. »Hoffnung ist nicht die Überzeugung, dass etwas gut ausgeht, sondern die Gewissheit, dass etwas Sinn hat, egal wie es ausgeht«, sagte Václav Havel. Die Dimension des Glaubens ist für unseren geistigen Horizont unfassbar, keine Wertung ist möglich, sie lässt sich jedoch mit Gewissheit in den Werken erahnen. Die Frage ist, ob wir uns nicht zuerst mit der Endlichkeit auseinandersetzen sollten, um dann festzustellen, was uns zur Verfügung steht, was wir brauchen und was wir möchten. Niemals vergessen werde ich einen Vortrag von Peter Hahne, in dem er von einem Gespräch mit dem Komiker Otto Waalkes berichtet, der in seinem Beruf wohl alles erreicht hat, was möglich ist. Auf die Frage, was sein größter Wunsch sei, antwortete dieser sinngemäß: Eines Tages sterben zu können wie meine Mutter. In Ruhe und Frieden. War die Frau dumm, naiv – oder sehr weise? Weisheit kann man nur mit Geduld erlangen, sie wird einem niemals geschenkt. »Man muss Geduld haben«, schrieb Rainer Maria Rilke. »Mit dem Ungelösten im Herzen, und versuchen, die Fragen selber lieb zu haben, wie verschlossene Stuben, und wie Bücher, die in einer sehr fremden Sprache geschrieben sind. Es handelt sich darum, alles zu leben. Wenn man die Fragen lebt, lebt man vielleicht allmählich, ohne es zu merken, eines fremden Tages in die Antwort hinein.« Und bei Nietzsche heißt es: »Wer ein Warum zum Leben hat, erträgt fast jedes Wie.« Wer für sich eine Antwort auf das Warum gefunden hat, der weiß auch, wie er damit leben kann. Wenn ein gesunder Mensch von Herzen lacht, geht die Sonne auf. Wenn ein Sterbender in Frieden stirbt oder ein Behinderter, der es angenommen hat, für den Rest seines Lebens behindert zu sein, von Herzen lacht, öffnet sich dann nicht für alle ein Stück des Universums?

Deutlich wird, dass keine Ausübung einer Religion, die dem Frieden dient, ein einfacher Spaziergang in der Sonne ist. Vielmehr ist es eine aktive, disziplinierte Lebenseinstellung, die aber unendlich frei macht, garantiert.

Nachfolgend beziehe ich klar Position auch in Hinblick auf das Weihnachtsfest, wobei ich einzelne Themen nochmal aufnehme und sie teilweise aus einem noch anderen Blickwinkel betrachte – keineswegs um Sie zu verwirren, nur um Optionen aufzuzeigen. Ich möchte Ihnen keinen vorgefertigten Leitfaden für Ihr Leben in die Hand drücken. Vielmehr möchte ich Ihnen ein paar wenige Teilchen vorstellen, die Sie für die Gestaltung Ihres persönlichen Leitfadens mitverwenden können.

Ich selbst bekenne mich zum Christentum, vielleicht ein bisschen aus Gewohnheit, im Wesentlichen aber, bei voller Akzeptanz aller anderen friedliebenden Religionen, aus Überzeugung.

Ein sehr wichtiges Kriterium meiner Wahl ist das Vaterunser. In dem Teil der sieben Bitten taucht der Halbsatz »… wie auch wir vergeben unseren Schuldigern« auf. Dies ist keine Bitte und keine Bedingung für etwas. Ist damit nicht klar formuliert, dass wir uns einen Platz im Himmel nicht verdienen können? Hingegen befähigt der Glaube uns, jemanden, der uns mit Schuldgefühlen gegenübertritt, also in Sühne lebt, ihm diese Schuld zu erlassen, ohne aufzurechnen. Hieraus ergibt sich ein tiefes Gefühl des Dankes an eine uns übergestellte Macht – ganz gleich, welche Position wir hier auf Erden bekleiden und welche Macht wir bitten dürfen, unsere Entscheidungen so zu fällen, dass es nachhaltig gute sind. Also:

»Wie soll ich dich empfangen und wie begegne ich dir, …« (EG 11)

Zunächst werde ich auf das »Ich«, im gemeinschaftlichen Sinn auf das »Wir«, eingehen. In der Bibel steht: »Und Gott schuf den Menschen ihm zum Bilde, zum Bilde Gottes schuf er ihn; männlich und weiblich schuf er sie«, heißt es im 1. Buch Mose (Kapitel 1, Vers 27). Von einer Bevorzugung einer Rasse oder eines Geschlechtes lässt sich hier nichts erkennen. Vielmehr schuf Gott die Grundform einer durchaus emanzipierten Aufgabenverteilung, bei deren Ausgestaltung sehr viele Spielräume vorhanden sind. Auch schuf er Frauen und Männer. Aber was heißt »ihm zum Bilde«? Schuf er in uns Götter oder jene, die Gott zum Vorbild haben sollten? Unser von Menschen vererbter Körper unterliegt alters- bzw. krankheitsbedingt der Endlichkeit. Das wissen wir, und es ängstigt uns sehr. Aber was ist mit dem uns verliehenen nicht körperlichen Geist, der Seele und unserem Mut? All dies wurde uns geliehen, um in uns zu reifen und sich weiterentwickeln zu können. Diese Dinge unterliegen somit nicht der körperlich messbaren Endlichkeit. Johann Wolfgang von Goethe beschreibt daraus resultierende Verhaltensweisen in »Iphigenie auf Tauris« wie folgt: »Um Gutes zu tun, braucht's keine Überlegung« (5. Aufzug, 3. Auftritt).

Demgegenüber hat unser geistiger Schöpfer in uns auch zeitlich begrenzte Verhaltensweisen wie das Streben nach

Anerkennung, Macht und materiellem Reichtum oder, in ausgeprägter Form, die Gier zugelassen. Goethe beschreibt das in seinem Werk »Faust I« wie folgt: »Nach Golde drängt, // Am Golde hängt // Doch alles« (Vers 2802 ff.). Und hätte Goethe schon Herrn Trump kennengelernt, so ist es sehr wahrscheinlich, dass er folgendes Zitat nicht Mephisto, sondern ihm zugeordnet hätte: »Es war die Art zu allen Zeiten, // (…) Irrtum statt Wahrheit zu verbreiten.« (Vers 2560 ff.) Nur, von welcher Warte gehen wir mit unserer »untertänigen« Erde um?

Wir müssen uns entscheiden: »Was glänzt, ist für den Augenblick geboren; // Das Echte bleibt der Nachwelt unverloren.« (Vers 632 f.) Betrachten wir die Dreifaltigkeit in jedem von uns. Der Geist gibt dem Körper vor, was er verrichten soll. Die faktischen Ergebnisse sind vielfältig und teilweise gigantisch, im Guten wie im Bösen. Nur wessen Geistes Kinder sind wir? Eine generelle Entscheidung ist für uns unmöglich, das ist sicherlich auch so gewollt, aber eine deutliche Tendenz gibt es schon: »Der Sinn des Lebens liegt nicht darin, alles zu bekommen, sondern darin, dass wir lernen, nichts zu behalten«, schreibt Anke Maggauer Kirsche. In den biblischen Worten von Psalm 90, Vers 12: »lehre uns bedenken, dass wir sterben müssen, auf dass wir klug werden.« Konrad Adenauer maß diesem Prozess in seiner Rede in Dortmund am 12.10.1953 die Bedeutung eines Menschenrechts zu: »Sehen Sie, meine Damen und Herren, jeder Mensch, wir alle miteinander … hat das Recht, was zu den Menschenrechten gehört, und das ist das Recht, klüger zu werden.« Dieser Reifungsprozess kann zuweilen sehr schmerzhaft sein. Jeder Weinstock wird in seinem Wachstum zumeist mehrfach schmerzhaft beschnitten, bevor er in der Sonne gereifte hochwertige Trauben hervorbringen kann.

Als in welche Richtung ausgerichtete Menschen sollen wir also der sichtbar gewordenen frohen, befreienden Verkündigung begegnen? Auf jeden Fall ohne Furcht – zumal die derzeitigen nationalen, internationalen und globalen Verhältnisse für die Mehrheit der Menschen wohl furchterregender sind als das, was daraus noch zu machen ist. »… Fürchtet euch nicht! Siehe, ich verkündige euch große Freude, die allem Volk widerfahren wird«, heißt es im Lukasevangelium (Kapitel 2, Vers 10). Eine Verkündigung ist nicht nur hörbar, sondern auch sichtbar, nimmt also Gestalt an.

Und wie sollen wir diese Botschaft empfangen, wie kann sie in uns und für andere Gestalt annehmen? Vielleicht indem wir etwas in die Gesellschaft einbringen, schenkend zur Verfügung stellen: »Ich komme, bring und schenke dir, was du mir hast gegeben. Nimm hin, es ist mein Geist und Sinn, Herz, Seel und Mut, nimm alles hin, und lass dir's wohl gefallen.« (»Ich steh an der Krippen hier«, EG 37.) Für ein sinnvolles Leben benötigen wir das Göttliche in uns.»Genauso wie ein Buch Wörter benötigt, um einen Sinn zu ergeben, benötigt der Mensch das Göttliche für ein sinnvolles Leben«, schrieb Martina Pfannenschmidt. In zahlreichen organisierten und nicht organisierten Zusammenschlüssen bringen Menschen sich im Ehrenamt ein und schenken somit anderen und sich selbst so viel Gutes, trotz der Gewissheit, dass niemand sich »einen Platz im Himmel« erdienen kann. Nur eine gelegentliche Würdigung ist schon ein Akt der Nächstenliebe und durchaus Balsam für die Seele. Ohne dieses Engagement könnten viele soziale Bereiche der Gesellschaft nicht aufrechterhalten werden. Überall, wo Menschen uns in einer liebe- und vertrauensvollen Art begegnen, ist doch die frohe Botschaft des Neuen Testaments gegenwärtig.

Mit ausschließlich wirtschaftlichem Erkenntnisinteresse entwickelte John Forbes Nash Jr. als Mathematiker im Rahmen der Spieltheorie die Gleichgewichtstheorie, das sogenannte Nash-Gleichgewicht, wofür er 1994 den Nobelpreis erhielt. Das Prinzip ist ganz einfach. Jeder gibt, verzichtet also auf ein bisschen, bekommt im Nachgang aber viel – absolut brillant. Die Realität heute, auch hier in Deutschland, ist wohl jene, dass die höchsten Ziele ein ausgeglichener Staatshaushalt und die Wohlstandsmehrung einiger weniger sind.

Um Missverständnissen vorzubeugen: Ich bin kein Freund einer generellen wirtschaftlichen Gleichverteilung. Dieses System funktioniert nicht. Dennoch muss eine gesicherte Grundversorgung aller gewährleistet sein.

Sollte es in unserem Streben nicht um Würde und Harmonie, also Frieden für alle gehen? Friedrich Schiller formulierte es in »Die Künstler« wie folgt:

»Der Menschheit Würde ist in eure Hand gegeben, /

Bewahret sie! / Sie sinkt mit euch! / Mit euch wird sie sich heben! / Der Dichtung heilige Magie / Dient einem weisen Weltenplane; / Still lenkt sie zum Oceane, / Der großen Harmonie!«

Da es mir wohl kaum zusteht, Empfehlungen zu äußern, habe ich nachfolgend ein paar Wünsche formuliert:

Ich wünsche mir, dass den Kindern und Jugendlichen von den Erziehungsberechtigten wieder mehr Werte und Normen vermittelt werden. Die körperliche Unversehrtheit anderer ist ein Grundrecht. Für einen körperlichen Frustabbau eignen sich zahlreiche sportliche Aktivitäten doch hervorragend. Darüber hinaus kann es nicht angehen, dass öffentliche Einrichtungen beschädigt oder gar zerstört werden, zumal andere eine erhebliche Leistung erbracht haben, um diese zur Verfügung zu stellen. Ebenso gilt es, den Unterschied zwischen MEIN und DEIN klar zu definieren.

Ich wünsche mir, dass Jugendliche und Erziehungsberechtigte den Lehrerinnen und Lehrern mit dem gebotenen Respekt begegnen. Diese haben es sich zur Aufgabe gemacht, ihren Schülern Wissen und soziale Kompetenz zu vermitteln, was ohnehin nicht immer einfach ist. Mögliche Konflikte können meist in ruhigen, sachlich geführten Gesprächen gelöst werden. Ein Rechtsbeistand sollte immer die letzte Wahl sein.

Ich wünsche mir, dass wieder stärker am Religionsunterricht, gleich welcher Religion oder Konfession, teilgenommen wird, sofern dieser dem Frieden dient. Der gesicherte Glaube ermöglicht einen sicheren Gang durch unsere Zeitreise des Lebens, besonders in kritischen Zeiten.

Alle diese drei Punkte mögen zunächst beengend wirken, sind aber die Grundlagen zur Teilnahme an einer gesicherten, stabilen und freiheitlichen Zivilisation. Ein Dreibein wackelt nie. Es steht immer sicher.

Als überzeugter Christ wünsche ich mir für die Atheisten, die, wenn ich es richtig verstanden habe, nur an sich selbst glauben, behalten Sie Ihren Kurs bei, sofern Sie an das Gute in Ihnen glauben. Dieses Gute wurde uns allen geschenkt. Ein früherer Kollege von mir formulierte es wie folgt: »Ich bin Atheist. Gott sei Dank!« Der Ort des Glaubens, also die heilige, christliche Kirche, liegt grundsätzlich und ausschließlich in uns selbst. Um seinen Glauben jedoch zu leben, bedarf es immer der Gemeinschaft. Hierzu gibt es bekanntlich zahlreiche Angebote und Möglichkeiten.

Und wenn Sie an der Existenz der Macht der Liebe immer noch zweifeln, weil sie Sie in sehr schweren Zeiten in Ihrem Leben nicht begleitet hat, so mag das von Ihnen durchaus so empfunden sein. Vielleicht hat Sie die Liebe aber sehr wohl getragen und Ihnen Begleiter an Ihre Seite gestellt, um Sie zu stützen und Ihnen neue Wege aufzuzeigen. Hinzufallen ist keine Schande. Aber in der Gewissheit der Begleitung einer übergeordneten Liebe nicht wieder aufzustehen, ist grober Undank.

Ich wünsche mir, dass Sie die Vorstellung von dem

durchweg strafenden Gott aufgrund der Botschaft des Neuen Testaments beiseitelegen.

»Hinterm Horizont geht's weiter. Das mit uns geht so tief rein, das wird nie zu Ende sein« – bezieht man den Text aus diesem Lied von Udo Lindenberg auf die Taufe, so wird das Versprechen von Gott an uns sehr deutlich.

Ich wünsche mir, dass Sie bei der generellen Verurteilung der Kirchen Gnade walten lassen, sofern Ihnen das möglich ist. Es ist zunächst einigen wenigen und der Pressefreiheit zu verdanken, dass die extremen Missstände, deren Umfang sich nur erahnen lässt, aufgedeckt wurden, und wo möglich, müssen die Verantwortlichen verurteilt werden. Dennoch bedenken Sie bitte, dass die Kirchen zu keiner Zeit nur Schlechtes angerichtet haben. Je mehr hiervon aufgedeckt wird, umso mehr Platz bekommt doch das Gute.

Ich wünsche mir, dass Sie regelmäßiger das Angebot der Gottesdienste wahrnehmen. Suchen Sie dort bitte nicht die Vollkommenheit, denn es wäre Ihre Vollkommenheit. Sie werden immer mit einem herzlichen Lächeln begrüßt. Legen Sie bitte am Eingang für die Dauer des Gottesdienstes Ihr Päckchen der Sorgen, des Kummers und der Verzweiflung ab. Es passt jemand sehr gut darauf. In der Gemeinschaft kommen Sie durch das Wort und die Musik der Vollkommenheit, und damit auch Ihrer, Schritt für Schritt näher. Sie verlassen den Gottesdienst mit dem Angebot zahlreicher Optionen und unter dem Segen Gottes. Dieser stärkt Ihren Gang für die bevorstehende Zeit.

Nun können Sie entscheiden, ob Sie Ihr Päckchen so wieder mitnehmen möchten oder ob Sie es dort gut verwahrt liegen lassen. Nicht, dass Ihre Probleme alle auf einmal gelöst wären – vielleicht hat sich ja nur die Sichtweise geändert, oder es haben sich neue Lösungsansätze ergeben. Sie können ja jedes Mal ein neues, verändertes Päckchen mitbringen. Die Lagerkapazitäten hierfür sind unerschöpflich. Man kann das alles auch kurz zusammenfassen: Es geht um Sie. Sie gehen überhaupt kein Risiko ein und können nur gewinnen.

Nun zu meinem vorletzten Wunsch:

Schenken Sie sich und Ihren Nächsten auch Liebe und Zeit statt Gold, bedingungslos. Es tut gut, garantiert.

Schenken Sie sich und Ihren Nächsten auch Güte und Toleranz statt Weihrauch, bedingungslos. Es tut gut, garantiert.

Schenken Sie sich und Ihren Nächsten auch Vergebung statt Myrrhe, bedingungslos. Es tut gut und macht frei, garantiert.

Sicherlich halten mich einige für einen Träumer, bedingt zu Recht und bitte immerfort, denn wie Marie von Ebner-Eschenbach schreibt: »Nenne dich nicht arm, wenn deine Träume nicht in Erfüllung gegangen sind; wirklich arm ist nur, der nie geträumt hat Und wenn die Grundsteine dieses Traumes bereits real sind: »Träume sind der Sonntag des Denkens« (Henri-Frédéric Amiel).

In diesem Sinne wünsche ich allen eine traumhaft schöne Adventszeit und ein friedliches, besinnliches, gesegnetes Weihnachtsfest.

Danke